EN VEDETTE DANS CE ~~LIVRE~~

TRICERATOPS

(TRI–céra–TOPS)

SAVAIS-TU QUE...

Triceratops avait l'un des plus gros crânes de tous les animaux terrestres ayant existé ? Le plus gros connu fait plus de 2,5 mètres de long !

Triceratops signifie « visage à trois cornes »

PLANTONS LE DÉCOR

Tout a commencé quand les premiers dinosaures sont apparus il y a environ 231 millions d'années, pendant le Trias.

C'était le début de l'ère des dinosaures, une période où ils allaient être les rois du monde!

Les scientifiques appellent cette période le

MÉSOZOÏQUE.
(mé-zo-zo-ic)

Elle a duré si longtemps qu'ils l'ont divisée en trois parties.

Le
TRIAS
51 millions d'années

Le
JURASSIQUE
56 millions d'années

il y a **252** millions d'années

il y a **201** millions d'années

Triceratops a existé durant le Crétacé,
il y a entre 66 et 68 millions d'années.

Le
CRÉTACÉ

← **79** millions d'années →

il y a **145** millions d'années   il y a **66** millions d'années

BULLETIN MÉTÉO

La Terre n'a pas toujours été comme on la connaît.
Avant les dinosaures et au début du Mésozoïque,
tous les continents étaient soudés et formaient un
supercontinent appelé «la Pangée». Au fil du temps,
les choses ont changé, et à la fin du Crétacé,
la Terre ressemblait plutôt à ceci.

CRÉTACÉ IL Y A 66 MILLIONS D'ANNÉES

Ce nom vient du mot «craie» en latin

TRIAS

Extrêmement chaud, sec et poussiéreux

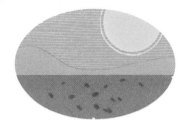

JURASSIQUE

Très chaud, humide et tropical

CRÉTACÉ

Chaud, pluvieux et saisonnier

Pendant le Crétacé, les continents ont continué à se séparer et la Terre a pris une apparence semblable à celle qu'on lui connaît aujourd'hui.

D'OÙ VIENT-IL ?

Voici ce que nous savons à ce jour et où nous l'avons découvert...

CE QU'ON A DÉCOUVERT :

BEAUCOUP,
BEAUCOUP DE
CRÂNES

C'EST LE PALÉONTOLOGUE
OTHNIEL CHARLES MARSH
QUI A DONNÉ SON NOM À
TRICERATOPS, EN 1889.

WYOMING

ÉTATS-UNIS

ET DES SQUELETTES !

En 1887, un crâne partiel muni de cornes a été découvert à Denver et envoyé au célèbre paléontologue O. C. Marsh pour qu'il l'étudie. Il a cru par erreur qu'il s'agissait du crâne d'un bison préhistorique, une sorte de buffle.

Ce n'est que plus tard, en étudiant un autre crâne partiel provenant du Wyoming, que Marsh a pris conscience de son erreur. Des restes de *Triceratops* ont été trouvés dans plusieurs États américains ainsi qu'au Canada. On a même trouvé de la peau de *Triceratops* !

PORTRAIT

Les dinosaures cératopsiens ont généralement une gueule en forme de bec et une collerette osseuse. Beaucoup de cératopsiens ont été trouvés sur la planète. Certains étaient petits, mais *Triceratops* était le plus gros de tous !

Regardons *Triceratops* pour voir en quoi il était spécial, fascinant et complètement extraordinaire !

TRICERATOPS

3 **mètres** des orteils à la hanche

Le plus long crâne de *Triceratops* trouvé à ce jour mesure plus de 2,5 mètres, ce qui équivaut presque au tiers de la longueur de son corps. *Triceratops* aurait besoin de trois portes côte à côte seulement pour passer sa tête!

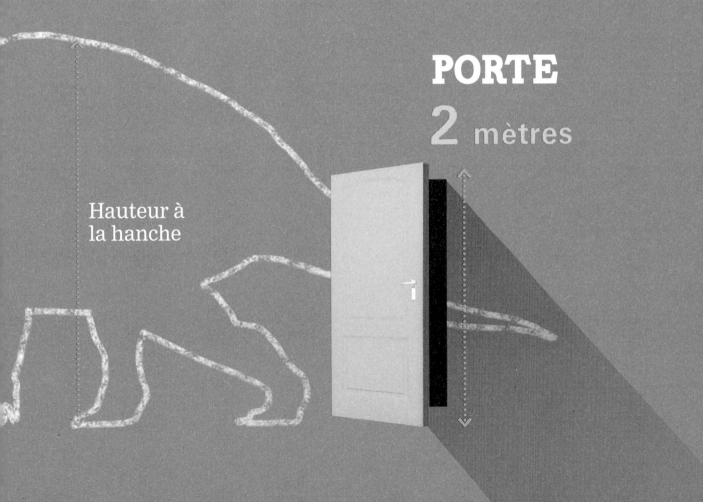

PORTE

2 mètres

Hauteur à la hanche

TRICERATOPS

Longueur : **jusqu'à 9 mètres**
Hauteur : **3 mètres**
Poids : **8000 kilogrammes**

SOURIS

AUTOBUS À ÉTAGE

Longueur : 11 mètres Hauteur : 4,5 mètres Poids : 8000 kilogrammes **(vide)** Largeur : 2,5 mètres

RHINOCÉROS

(mâle)

Longueur : **jusqu'à 4 mètres**

Hauteur : **1,8 mètre**

Poids : **jusqu'à 3500 kilogrammes**

TROUILLE-
0-MÈTRE

Où se classe
Triceratops?

| 1 | 2 | 3 | 4 | 5 |

Quand il mange
et se promène.

Quand on l'attaque !
S'il se sentait menacé,
un *Triceratops* adulte
chargeait son adversaire
tête baissée, prêt à
utiliser ses cornes !

6 7 8 9 10

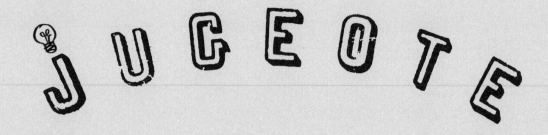

JUGEOTE

Quand nous avons commencé à découvrir des dinosaures,
nous pensions qu'ils étaient plutôt stupides !

Par la suite, quelques scientifiques ont cru que certains
dinosaures avaient un second cerveau près de leur derrière !
On sait aujourd'hui que rien de cela n'est vrai.

Les scientifiques reconnaissent maintenant que les dinosaures
n'avaient qu'un seul cerveau et qu'ils étaient plutôt futés pour des
reptiles. Certains comptaient même parmi les plus intelligentes
créatures sur Terre pendant le Mésozoïque. Cela dit, la plupart des
mammifères actuels n'auraient rien à leur envier sur ce plan.

En tenant compte de :

leur
taille

la taille
de leur
cerveau

leur
odorat

leur vue

les scientifiques sont en mesure de les comparer les uns aux autres...

OÙ FIGURE TRICERATOPS, UN HERBIVORE, AU PALMARÈS DES CERVEAUX?

TROODON
(tro-OH!-don)

10/10
CARNIVORE
(le plus intelligent)

TYRANNOSAURUS REX
(ti-RAAAH!-nozo-RUSS rex)

9/10
CARNIVORE

IGUANODON
(i-GWA-no-DON)

6/10
HERBIVORE

TRICERATOPS
(TRI-céra-TOPS)

5/10
HERBIVORE

STEGOSAURUS
(STÉGO-zo-RUSS)

3/10
HERBIVORE

DIPLODOCUS
(di-PLO-do-KUSS)

2/10
HERBIVORE
(pas tellement intelligent)

Les dinosaures sont représentés à l'échelle!

RAPIDOMÈTRE

LENT

1 2 3 4 5

On croit que lorsqu'il chargeait à sa vitesse maximale, *Triceratops* pouvait atteindre une vitesse de 35 à 48 km/h. C'est très rapide !

RAPIDE

8 / 10

ARMES

La première chose que l'on remarque chez *Triceratops*, c'est l'énorme collerette osseuse qu'il porte sur sa tête. Cet organe qu'il utilisait pour dominer, se défendre et montrer son statut était volumineux et rempli de vaisseaux sanguins situés juste en dessous de la peau.

CORNES

Ses cornes continuaient de pousser et se tordaient à mesure qu'il vieillissait. Le jeune *Triceratops* avait donc des cornes courtes et recourbées vers l'arrière, mais, en poussant, celles-ci se redressaient puis se courbaient vers l'avant pour atteindre jusqu'à 1 mètre.

Les scientifiques pensent qu'il les utilisait pour se battre contre d'autres *Triceratops*, car des fossiles montrent des marques qui suggèrent que deux *Triceratops* se sont livré un combat de cornes. Il s'en servait aussi pour se défendre contre les prédateurs qui le voyaient comme un délicieux repas !

BEC

Le museau de *Triceratops* se terminait par un bec sans dents qu'il utilisait pour sectionner la tige des plantes, et il est fort probable qu'il s'en servait aussi comme moyen de défense!

CRÂNE

Le nombre de crânes de *Triceratops* trouvés seulement dans la formation de Hell Creek, dans le Montana, aux États-Unis, est si grand que les scientifiques peuvent étudier les différences entre les adultes et les bébés. Ils savent maintenant que les cornes et la collerette continuaient de se développer jusqu'à l'âge adulte.

DENTS

Triceratops avait des centaines de dents, mais il n'en utilisait qu'un petit nombre pour manger. Elles étaient rassemblées en groupes portant le nom de « batteries » et disposées les unes par-dessus les autres. Quand une dent tombait, elle était rapidement remplacée par la suivante.

Ces dents avaient un bord coupant comme un rasoir. Quand *Triceratops* mastiquait, il ne broyait pas ses aliments comme nous le faisons. Ses dents glissaient plutôt les unes contre les autres dans un mouvement de découpage à la verticale (de bas en haut). Grâce à ces dents et aux puissants muscles de sa mâchoire, *Triceratops* pouvait venir à bout des plantes les plus coriaces.

Dent de 5 centimètres en taille réelle

La voici agrandie pour que tu en voies les détails

AU MENU

Le crâne de *Triceratops* était tellement lourd qu'il était incapable de se lever sur ses pattes arrière. Il se nourrissait donc de fougères, d'arbustes et de cycadophytes poussant près du sol, et même de plantes en début de floraison. Il était toutefois assez fort pour abattre un arbre afin de manger les feuilles de sa cime s'il avait envie d'un peu de changement !

QUI HABITAIT DANS LE MÊME
VOISINAGE ?

TYRANNOSAURUS REX
(ti-RAAAH!-nozo-RUSS rex)

Habitant tous les deux l'espace marécageux et forestier qui est devenu l'Amérique du Nord, *Triceratops* et *T. rex* se rencontraient probablement souvent.

Certains vestiges de cornes et de crânes de *Triceratops* portent en fait des marques indiquant que les deux dinosaures devaient s'affronter. Sur une corne et sur la collerette d'un spécimen en particulier, on peut voir des marques de morsures de *T. rex* guéries, ce qui démontre que *Triceratops* avait survécu au combat.

PACHYCEPHALOSAURUS
(PA-chi-CÉFALO-zo-RUSS)

Pachycephalosaurus était un herbivore bipède («qui marche sur deux pattes») au crâne bombé et faisant 4 mètres de long qui vivait dans les mêmes forêts que *Triceratops* et *T. rex*. Tout comme *Triceratops*, il vivait en petits groupes. Une bonne chose, car il vaut mieux être bien entouré quand *T. rex* est dans les parages!

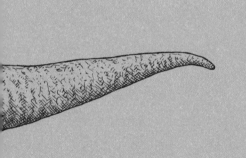

Les deux ayant une démarche similaire et des cornes pour se défendre et attaquer, on compare souvent *Triceratops* au rhinocéros.

Ils ont tous les deux un corps robuste et lourd ainsi que des pattes massives et fortes, et sont capables de se déplacer à une vitesse surprenante quand ils se sentent menacés ou décident de charger !

QU'Y A-T-IL DE SI GÉNIAL À PROPOS DE TRICERATOPS ?

PÉRIODE D'EXISTENCE

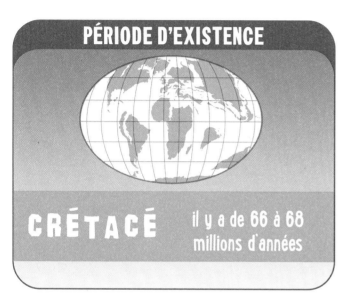

CRÉTACÉ il y a de 66 à 68 millions d'années

TAILLE DES DENTS

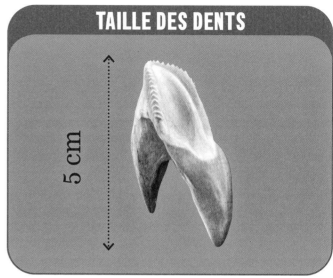

5 cm

POIDS

8000 kg

RAPIDE OU LENT ?

RAPIDITÉ

sur 10

8

EN BREF

DÉCOUVERTES À CE JOUR

BEAUCOUP, BEAUCOUP DE CRÂNES ET DES SQUELETTES

TERRIFIANT OU PAS ?

TROUILLE-O-MÈTRE

2 quand il est relaxe

8 quand on l'attaque

VIANDE OU PLANTES ?

SON ÉQUIPEMENT

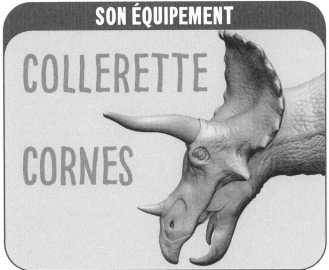

COLLERETTE

CORNES

AS-TU LU TOUTE LA SÉRIE ?

QU'Y A-T-IL DE SI GÉNIAL À PROPOS DE
ANKYLOSAURUS ?
UN CHAR D'ASSAUT SUR PATTES an-KILO-zo-RUSS)

NICKY DEE

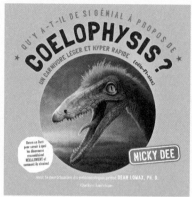

QU'Y A-T-IL DE SI GÉNIAL À PROPOS DE
COELOPHYSIS ?
UN CARNIVORE LÉGER ET HYPER RAPIDE (célo-FY-siss)

NICKY DEE

QU'Y A-T-IL DE SI GÉNIAL À PROPOS DE
DIPLODOCUS ?
(di-PLO-do-KUSS)

NICKY DEE

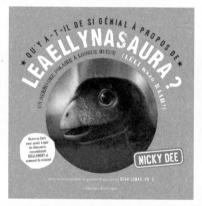

QU'Y A-T-IL DE SI GÉNIAL À PROPOS DE
LEAELLYNASAURA ?
UN HERBIVORE POLAIRE À LONGUE QUEUE (LÉLI-nazo-RAAH)

NICKY DEE

QU'Y A-T-IL DE SI GÉNIAL À PROPOS DE
MEGALOSAURUS ?
LE PREMIER À RECEVOIR UN NOM (MÉGA-lozo-RUSS)

NICKY DEE

QU'Y A-T-IL DE SI GÉNIAL À PROPOS DE
SPINOSAURUS ?
LE PLUS GROS DINOSAURE CARNIVORE DÉCOUVERT À CE JOUR (SPINO-zo-RUSS)

NICKY DEE

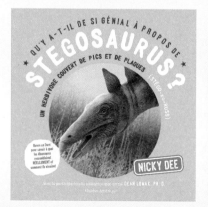

QU'Y A-T-IL DE SI GÉNIAL À PROPOS DE
STEGOSAURUS ?
UN HERBIVORE COUVERT DE PICS ET DE PLAQUES (STÉGO-zo-RUSS)

NICKY DEE

QU'Y A-T-IL DE SI GÉNIAL À PROPOS DE
TYRANNOSAURUS REX ?
« LE ROI DES DINOSAURES » (ti-RAAH-nozo-RUSS rex)

NICKY DEE

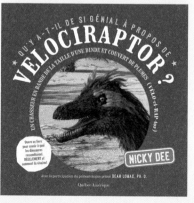

QU'Y A-T-IL DE SI GÉNIAL À PROPOS DE
VELOCIRAPTOR ?
UN CHASSEUR EN BANDE DE LA TAILLE D'UNE DINDE ET COUVERT DE PLUMES (VÉLO-ci-RAP-tor)

NICKY DEE

Projet dirigé par Flore Boucher

Traduction : Olivier Bilodeau
Mise en pages : Damien Peron
Révision linguistique : Sabrina Raymond

Québec Amérique
7240, rue Saint-Hubert
Montréal (Québec) Canada H2R 2N1
Téléphone : 514 499-3000, télécopieur : 514 499-3010

Ce texte privilégie la nomenclature zoologique par opposition aux noms vernaculaires des animaux.

Nous reconnaissons l'aide financière du gouvernement du Canada.

Nous remercions le Conseil des arts du Canada de son soutien.
We acknowledge the support of the Canada Council for the Arts.

Nous tenons également à remercier la SODEC pour son appui financier.
Gouvernement du Québec – Programme de crédit d'impôt pour l'édition de livres – Gestion SODEC.

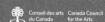

Catalogage avant publication de Bibliothèque et Archives nationales du Québec et Bibliothèque et Archives Canada

Titre : Triceratops / Nicky Dee ; collaboration, Dean Lomax [et cinq autres] ; traduction, Olivier Bilodeau.
Autres titres : Triceratops. Français
Noms : Dee, Nicky, auteur.
Description : Mention de collection : Qu'y a-t-il de si génial à propos de…? | Documentaires |
Traduction de : Triceratops.
Identifiants : Canadiana (livre imprimé) 2021006952X | Canadiana (livre numérique) 20210069538 | ISBN 9782764446935 | ISBN 9782764446997 (PDF)
Vedettes-matière : RVM : Triceratops—Ouvrages pour la jeunesse. | RVM : Dinosaures—Ouvrages pour la jeunesse. | RVMGF : Albums documentaires.
Classification : LCC QE862.O65 D44314 2022 | CDD j567.915/8—dc23

Dépôt légal, Bibliothèque et Archives nationales du Québec, 2022
Dépôt légal, Bibliothèque et Archives du Canada, 2022
Tous droits de traduction, de reproduction et d'adaptation réservés

Titre original : *What's so special about Triceratops?*
Published in 2021 by The Dragonfly Group Ltd

email info@specialdinosaurs.com
website www.specialdinosaurs.com

REMERCIEMENTS

Dean Lomax, Ph. D.
Paléontologue remarquable plusieurs fois récompensé, auteur et communicateur scientifique, M. Lomax a collaboré à la réalisation de cette série à titre d'expert-conseil.
www.deanrlomax.co.uk

David Eldridge et The Curved House
Pour la conception et le graphisme originaux du livre.

Gary Hanna
Artiste 3D de grand talent.

Scott Hartman
Paléontologue et paléoartiste professionnel, pour les squelettes et les silhouettes.

Ian Durneen
Artiste numérique de haut niveau, pour les illustrations numériques des dinosaures en vedette.

Ron Blakey
Colorado Plateau Geosystems Inc.
Créateur des cartes paléogéographiques originales.

Ma famille
Pour sa patience, ses encouragements et son soutien extraordinaire. Merci !